AF359291

SANCHO

DANS

L'ISLE DE BARATARIA,

Pantomime Bouffonne, en deux Actes,

AVEC UN PROLOGUE;

Ornée de Danses, Marches, Evolutions, Combats, etc. ;

Par MM. CUVELIER et FRANCONI jeune;

Musique par M. Dreuilh, Divertissemens par M. Jacquinet;

Représentée, pour la 1re. fois, sur le Théâtre du Cirque Olympique, le 14 février 1816.

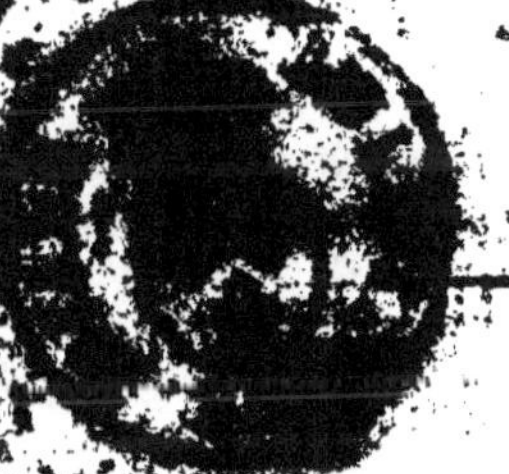

PARIS,

BARBA, Libraire, Palais-Royal, derrière le Théâtre Français, n°. 51.

De l'Imprimerie d'EVERAT, rue du Cadran, N°. 16,

1816.

PERSONNAGES. — ACTEURS.

PERSONNAGES.	ACTEURS.
SANCHO	M. *Bunel.*
Madame SANCHO.	Mlle. *Tigée.*
Trois de leurs Enfans	{ *Godet,* *Tigée,* *Doutreville.* }
LE DUC.	M. *Bassin.*
LA DUCHESSE	Mlle. *Lamarre.*
CARLOS	M. *Devauchel.*
Quatre Juges.	{ MM. *Férin,* *Vincent,* *Lahaye,* *Charles.* }
Un Huissier.	M. *Chop.*
AGNÈS (Niaise).	Mlle. *Céleste.*
MATHURINE, Mère d'Agnès. . .	Mlle. *Fanchonnette.*
FINOT, Prétendu d'Agnès (Niais).	M. *Lagoutte.*
GEORGES, Amant aimé d'Agnès .	M. *l'Espérance.*
ISAAC, vieux Juif.	M. *Alin, père.*
NICOLAS, bon Réjoui	M. *Léger.*
BABET (Amoureuse.).	Mlle. *Blanche.*
COLIN (Amoureux)	M. *Jacquinot.*
Le Médecin du Gouverneur . . .	M. *Delahaye.*
Le Géant rouge.	M. *Lebreton.*
Le Petit Ecuyer du Géant rouge.	
Ecuyers et Pages de Sancho.	
Femmes de Madame Sancho.	
Officiers et Dames.	
Soldats, Charbonniers, Meûniers, Paysans et Paysannes.	

PROLOGUE.

(Le théâtre représente un site agréable dans un parc, au fond un canal ;
à droite et à gauche diverses fabriques. En avant un siège élevé en
gazon et en fleurs.)

SCÈNE PREMIÈRE.

LE DUC, CARLOS.

CARLOS.

Oui, Monseigneur, dans ce moment la grande gondole
avec le plaisant équipage que je lui ai donné, promêne ma-
jestueusement sur le canal, le seigneur Sancho Pança qui
croit naviguer sur la vaste étendue des mers.

LE DUC.

On le fera débarquer dans ce parc lorsque tout sera prêt.

CARLOS.

Les intentions de Monseigneur seront remplies : tous ses
gens ont le mot ; et chacun est bien instruit de son rôle.

LE DUC.

Tu penses donc, mon cher Carlos, que cette journée...

CARLOS.

Pourra devenir amusante ; les machines, les surprises, les
déguisemens, tout est préparé, et le seigneur Sancho, qui croit
traverser l'Océan pour arriver en qualité de gouverneur dans
l'Isle de Barataria, débitera ici ses proverbes et jouera la co-
médie sans pouvoir s'en douter.

LE DUC.

A merveille : après avoir ri aux dépens du chevalier de la
triste figure, je veux corriger son burlesque écuyer en
donnant un nouveau spectacle a Madame la Duchesse.

4

CARLOS.

Je viens de conduire auprès d'elle la femme et les enfans du seigneur Sancho.

LE DUC, *souriant.*

Puisqu'elle est la femme de Monseigneur le Gouverneur de l'Isle de Barataria, elle sera Madame la Gouvernante, nous lui prodiguerons les fêtes, les honneurs...

CARLOS.

Son Excellence ne craint elle pas que les grandeurs ne fassent tourner la tête à ces pauvres gens... De rien de venir grands seigneurs !...

LE DUC, *riant.*

Cela s'est vu quelque fois... (*On entend une fanfarre.*) Mais j'entends le signal.

CARLOS.

Il annonce l'illustre Gouverneur.

LE DUC.

Je vais rejoindre la Duchesse, et, cachés dans la foule, nous pourrons sans être reconnus, rire des extravagances du bon Sancho... Carlos je te recommande le secret, je ne me montrerai qu'à l'instant où je le jugerai couvenable à notre dénouement.

CARLOS.

Monseigneur sera obéi.   (*Le Duc sort.*)

SCÈNE II.

(On voit paroître d'un côté des paysans et paysannes, et de l'autre des soldats.)

(Carlos fait grouper les uns et les autres en leur recommandant de ne rien faire qui puisse désabuser le prétendu gouverneur.)

SCÈNE III.

(Sancho monté sur son âne, arrive dans une barque conduite par des gens vêtus en nègres et d'une manière bizarre.)

(Deux Pages tiennent la bride de l'âne.)

SANCHO, *dans la barque.*

Si vous continuez à me tenir le bec dans l'eau , quoique tout chemin mène à Rome, moi je n'arriverai jamais dans mon Gouvernement.

CARLOS.

Seigneur, voici votre Isle.

SANCHO.

Je vous crois sur parole et puisque la barque est au port, je mets pied à terre.

(Sancho débarque sans quittter son âne, les Pages qui le conduisent lui font faire plusieurs détours.)

SANCHO, *arrêtant l'âne.*

Eh ! doucement donc messieurs mes écuyers , vous prenez le chemin de l'école. Songez donc que terre chevauchée est à moitié mangée , je suis gouverneur de celle-ci et je ne veux pas manger mon bien en herbe.

CARLOS.

On ne peut raisonner plus sagement.

SANCHO.

Il est temps d'être sage quand on a barbe au menton, n'est-ce pas mon gros Jouflu ?

(Carlos invite Sancho à venir se reposer sous le feuillage ; il met pied à terre.)

SANCHO.

Mais pourquoi donc nous arrêter en si beau chemin, j'ai hâte d'entrer dans mon palais, car je pense bien qu'un gouverneur ne couche pas à la belle étoile comme un chevalier errant.

CARLOS.

C'est ici que les habitans de votre Isle doivent vous rendre hommage.

SANCHO.

Il n'y a pas de mal à cela , à tout seigneur tout honneur.

CARLOS.

En qualité de grand Sénéchal, je vais les présenter à votre excellence.

SANCHO.

Eh bien, M. le grand Sénéchal, recommande leur de ne
pas me faire attendre sous l'orme ; car mon Excellence à toujours l'appétit ouvert de bon matin, et se tient mieux à table
qu'à cheval. A propos de cheval, MM. mes Pages, ayez bien
soin de ma monture, je l'estime mieux que le fameux Ros-
sinante de Monseigneur Don-Quichotte, qui n'a pas encore
pu, comme moi, gagner un Gouvernement, mon grison m'a
prouvé que les chevaux courent les bénéfices, et que les ânes
les attrapent.

(*Les pages s'éloignent avec l'âne.*)

SCÈNE IV.

SANCHO, CARLOS.

SANCHO *à Carlos*.

Eh ! dis donc, M. mon grand Sénéchal, lorsque j'étois en
mer, j'ai aperçu une espèce d'incendie.

CARLOS *à part*.

Bon, il a remarqué le feu que les ouvriers de la grande
charbonniere ont allumé par mon ordre.

SANCHO.

Or, comme il n'y a pas de fumée sans feu, je soupçonne
que cela pourroit bien venir d'un volcan, qui se trouve dans
une île voisine.

CARLOS.

Monseigneur a deviné juste. cette île dangereuse est le sé-
jour du géant Rouge... Un enchanteur hardi, adroit, féroce...

SANCHO.

Voilà un vilain voisin.

CARLOS.

C'est le plus grand ennemi de vos Etats et de votre Ex-
ce'lence.

SANCHO.

Voyez le malotru !... Eh ! que lui a fait mon Excellence, qui
aime la paix autant que la table ! Mais c'est égal, si cet enchanteur se plait à ferailler, je le mettrai aux prises avec le

seigneur Don-Quichotte, mon maître, qui saura bien lui tailler des croupières. En attendant, allons dîner; car on ne s'engraisse pas à croquer le marmot.

CARLOS.

Monseigneur, voici les principaux habitans de votre île qui vous apportent les marques de votre dignité.

SANCHO.

Puisqu'ils apportent, il faut les recevoir, qui refuse muse.

SCENE V.

(Entrée d'habitans notables. On apporte un riche manteau, une toque, des cordons, des éperons, une épée, etc. Au milieu de cérémonies burlesques, on décore Sancho ; ces cérémonies sont terminées par un groupe qui présente une inscription sur laquelle on lit : *vive Sancho.*

SANCHO, CARLOS.

SANCHO.

Bien obligé mes amis, mais pour vivre il faut manger, ainsi sans chercher midi à quatorze heures, allons nous mettre à table.

CARLOS.

Avant tout, Seigneur, vous vous devez à votre peuple; il attend de vous la justice. Voici l'heure à laquelle le tribunal s'assemble, et Monseigneur le Gouverneur ne peut se dispenser de le présider.

SANCHO.

Encore une anicroche.

CARLOS.

Permettez-moi de dire à votre Excellence...

SANCHO.

Tout ce que vous dites est excellent, mais le dîner...

CARLOS.

Sera bientôt servi.

SANCHO.

Allons, patience, à qui attend, tout vient à point, jugeons donc, puisqu'il le faut; il faut bien souffrir ce qu'on ne peut empêcher.

SCENE VI.

(On apporte avec appareil une tribune élevée, garnie de pointes de
fer au-dessus est suspendu un glaive nud. On place aussi une table
pour le greffier, et des sièges pour les juges.)

(Carlos invite Sancho, qui s'impatiente de ces préparatifs, à prendre
place à la tribune.)

SANCHO, CARLOS.

SANCHO, *examinant la tribune.*

Sur un siège comme celui là on ne dort pas à l'audience...
Une épée nue en l'air, des pointes de fer ! sans trop prendre
se aises, on pourroit être plus commodément.

CARLOS.

De temps immémorial les Gouverneurs de l'île de Barataria ont été placés sous ce glaive pour rendre la justice.

SANCHO.

Prends-tu mon âne pour une bête?... Oh, j'ai deviné tes
pointes... Oui, c'est clair, celui qui prononce sur le sort des
autres est sur les épines, et le glaive d'en haut est prêt à le
frapper, si sa sentence est injuste ; à bon entendeur salut.

CARLOS.

Il est impossible d'avoir plus de sagacité... Si Monseigneur
le permet, je vais faire approcher les juges assesseurs, et les
huissiers du tribunal.

SANCHO.

Sans doute, ne leur laisse pas faire le pied de grue, d'ailleurs plus on est de fous plus on rit.

SCENE VII.

(Entrée des juges vêtus burlesquement : l'un est boiteux, l'autre avec
un gros ventre et de très-petites jambes, marche péniblement : ils
sont précédés par un huissier long, fluet, maigre et blême.

SANCHO, CARLOS.

SANCHO.

Soyez les bien venus, Messieurs, tâchons de marcher droit,
et ne rendons pas la justice cahin caha.

(Les juges prennent place, Sancho s'amuse de leur tournure grotesque.)

CARLOS.

Quand vous l'ordonnerez, Monseigneur, l'audience commencera.

SANCHO.

Le plutôt sera le meilleur; car la faim me talonne.

(Tandis que l'huissier fait ranger la foule, Carlos invite Sancho à se placer.)

SCÈNE VIII.

(Entrée des plaideurs, conduits par l'huissier.)

(Sur un des côtés se placent Agnès, sa mère Mathurine, et Finot, prétendu d'Agnès, niais, plus richement vêtu que Georges, amant préféré, qui se tient à l'écart.)

(De l'autre côté Isaac vieux juif, appuyé sur une béquille, et Nicolas, bon paysan.)

(Près d'eux sont Babet et Colin.)

(Nicolas s'avance et expose qu'il a mis en dépôt une somme d'argent, chez Isaac, qui ne veut pas la lui rendre.)

SANCHO.

Eh! que veut dire celui-là, avec ses bras en ailes de Moulin-à-vent; s'il est muet, que son avocat parle pour lui.

CARLOS.

Monseigneur, comme les plaideurs sont en général très-bavards, et que les avocats, qui ne le sont pas moins, embrouilloient les affaires en voulant les éclaircir, il leur a été défendu de s'exprimer autrement que par gestes.

SANÇHO.

Si coutume doit se garder, c'est sur-tout quand elle est bonne, et celle là me paroît excellente. Mais pour prononcer mon jugement...

CARLOS.

Monseigneur peut parler tant qu'il lui plaira.

Sancho. 2

SANCHO.

Voilà qui est au mieux ; un bon averti en vaut deux (*à Nicolas.*) Allons, recommence ton discours sans mot dire, je vais t'écouter avec les yeux.

(Nicolas répète ce qu'il vient de dire.)

SANCHO.

Tu as confié en dépôt à ce barbichon, de l'argent qu'il ne veut pas te rendre.

(Nicolas répond que c'est cela.)

SANCHO.

Oh ! il ne faut pas me dire les choses deux fois, j'entends à demi mot : mais qui n'entend qu'une cloche n'entend qu'un son (*à Isaac.*) A ton tour, défile nous ton chapelet.

(Isaac s'avance appuyé sur sa béquille , puis il retourne sur ses pas , et prie Nicolas de tenir sa béquille.)

L'HUISSIER *d'une voix aigue.*

Silence , Mesdames !

(Isaac s'avance de nouveau. Après avoir protesté de sa probité, il prend le ciel à témoin, et jure qu'il a remis dans les mains de Nicolas le dé- pôt qu'il lui avoit confié.)

SANCHO.

Tu jures que tu lui as remis en main tout l'argent qu'il t'a confié.

(Isaac répond oui , et se hâte de reprendre sa béquille.)

SANCHO.

Eh bien ! Messieurs les juges , qu'en pensez-vous ?

(Les juges paroissent embarrassés.)

SANCHO.

Vous ne savez qu'en penser ? Il faut donc que je fonde la cloche tout seul, cela ne sera pas long... Approchez , Mes- sieurs les plaideurs.

(Isaac et Nicolas viennent au pied de la tribune.)

SANCHO.

(Sancho prenant la béquille d'Isaac, et la donnant à Nicolas.) Tiens, prend cette béquille pour frotter les épaules de ce coquin-là.

(Nicolas est surpris , et Isaac très-allarmé , réclame contre le jugement.)

SANCHO.

Je suis dans mon gouvernement, c'est à moi d'ordonner et
à toi d'obéir. (*à Nicolas.*) Allons, fais ce que je t'ai dit, et
surtout n'y vas pas de main-morte : en battant l'épi on a le
grain net.

(Isaac est révolté ; mais Nicolas obéit. En le frappant , la béquille se
brise, et il en tombe de l'or.)

SANCHO.

Ce qui tombe dans le fossé est pour le soldat. (*à Nicolas.*)
Ramasse, c'est à toi. Lorsqu'il t'a fait tenir sa béquille , le
fripon a juré qu'il t'avoit remis ton argent : j'ai vu l'enclouû-
re, et je lui devois une petite correction.

(Nicolas exprime sa reconnaissance à Sancho , et Isaac qui enrage , sort
baffoué par les spectateurs. Les juges félicitent Sancho de son discer-
nement.)

SCENE   IX.

Les Mêmes , excepté NICOLAS et ISAAC.

SANCHO.

Allons , mes amis, il n'y a que le premier pas qui coûte ;
me voilà en train de juger. Si quelqu'un a encore besoin de
ma justice, qu'il se dépêche. Je ne prendrai pas racine ici ,
car la faim chasse le loup hors du bois.

(Babet s'avance en pleurant, et demande justice contre Colin qui rit
malignement.)

(Elle dit que Colin, non content de lui avoir pris un baiser, lui a enlevé son bouquet, qu'il tient caché sous son habit.)

SANCHO.

Fort bien , j'ai démêlé la fusée. Colin vous a pris un baiser
et enlevé votre bouquet. Mais dites-moi , là , franchement ,
la petite, avez-vous fait feu des quatre pieds pour l'en empêcher.

(Colin prétend que non. Babet proteste qu'elle s'est bien défendue , mais
qu'elle n'a pu empêcher Colin de s'emparer de son bouquet.

SANCHO..

Que voulez-vous, ma chère enfant, fleurs cueillies, fleurs
mortes. Ainsi, je ne vois pas ce que je puis faire pour vous.

(Babet pleure et se désole.)

SANCHO.

Allons, allons, Babet, faites contre fortune bon cœur. Tenez, prenez ce mouchoir dont je vous fais cadeau. Essuyez vos beaux yeux, et qu'il ne soit plus question de larmes.

(Babet accepte le mouchoir, et l'examine avec satisfaction.)

SANCHO, *prenant Colin à l'écart.*

Tu m'as l'air d'un dénicheur de merles, toi... et j'ai envie que tu fasses une petite niche à cette jeune fille pour te raccommoder avec elle.

(Colin dit qu'il est prêt à faire ce que Sancho lui ordonnera.)

SANCHO.

Puisque tu y consens, arrange tes flûtes pour lui enlever le mouchoir que je viens de lui donner.

(Colin promet de se conformer aux intentions de Sancho)

(Espèce de pas de deux entre Colin et Babet. Il cherche à lui enlever le mouchoir, il n'y parvient pas. Il la supplie de le lui donner, elle résiste. Il offre de lui rendre son bouquet, elle refuse. Il fait de nouveaux efforts pour le lui ravir, il ne peut y réussir. Il est fatigué, hors d'haleine, et déclare enfin à Sancho qu'il est forcé d'y renoncer.)

SANCHO.

Bien attaqué, bien défendu ; mais j'ai le nez long, j'ai découvert la mêche ; et sans aller par quatre chemins, je dis que si Babet avoit défendu son bouquet aussi bien qu'elle vient de défendre ce mouchoir, elle ne l'auroit pas perdu... Or les fautes sont pour les joueurs ; cependant, comme toute peine mérite son salaire, j'ordonne que Colin et Babet aillent se marier en tout bien, tout honneur.

(Colin regarde tendrement Babet ; il se rapproche d'elle. Babet, après avoir hésité un moment, l'enlace avec le mouchoir. Unis ainsi, ils remercient Sancho et sortent en dansant.)

SCENE X.

Les Mêmes, excepté COLIN et BABET.

SANCHO.

Tout s'use dans le monde ; ainsi, voilà bien assez de justice pour aujourd'hui. D'ailleurs, je suis de la fabrique d'Adam, je ne vis pas de vent, et si la soupe nourrit le soldat, elle fait ventre au Gouverneur. Ainsi donc, Messieurs mes Juges, bon appétit. (*Il se lève.*)

(Les Juges se lèvent à leur tour ; et après avoir respectueusement et lentement salué Sancho, ils se retirent. Tout le monde les suit.)

SCENE XI.

(Agnès reste en arrière, ainsi que Mathurine, Finot et Georges. Ce dernier fait signe à Agnès de parler à Sancho. Elle en a le désir ; mais Finot qui s'en aperçoit la retient et l'entraîne. Elle feint de le suivre et rentre aussitôt. Finot la suit ; mais Georges lui barre le passage et le force à s'éloigner.)

SCENE XII.

AGNES, SANCHO, CARLOS.

(Agnès approche timidement de Sancho, qui pressoit Carlos de le conduire à table.)

SANCHO.

Eh ! que veut celle-ci qui arrive à pas de loup ?

(Agnès témoigne le désir de parler à Sancho sans témoins.)

SANCHO.

Elle veut me parler seul ; elle est gentille, ma foi !... Il y a quelque anguille sous roche. (*A Carlos.*) Monsieur mon grand Sépéchal, savez-vous bien qu'il y a des circonstances où la main gauche doit ignorer ce que fait la main droite ?

CARLOS, *riant.*

Je vous entends, Monseigneur, je me retire.

SANCHO.

Allez-vous assurer que le dîner est cuit à point, et revenez vite ; car s'il ne faut pas vivre pour manger, au moins faut-il manger pour vivre.

CARLOS.

Vous serez obéi. (*A part.*) Allons chercher Mad. Sancho et ses enfans.

SCENE XIII.

SANCHO, AGNES.

SANCHO, *lui frappant sur la joue.*

A présent que nous sommes seuls, ma jolie petite Agnès, vous pouvez vous expliquer sans lanterner ; mais ne bridez pas votre âne par la queue, commencez par le commencement.

(Agnès présente un placet à Sancho qui la regarde avec surprise et lit.)

SANCHO. *ap rè avoir lu.*

Ah ! ah ! votre mère veut vous marier à un nigaud qui vous déplaît ; il possède vingt ducats , et celui que vous aimez n'en a que cinq. (*A part.*) Ce n'est pas là ce que j'avois pensé d'abord...

(Agnès soupire et pleure.)

SANCHO, *la regardant avec amour.*

(*A part.*) C'est pourtant dommage... elle est à croquer. (*s'arrêtant.*) Allons, allons , vieux Sancho , du sang-froid... chassez-moi ces idées mondaines. (*Haut.*) Mon enfant, Monseigneur Don Quichotte m'a précisément donné , en nous séparant, le remède qu'il vous faut ; le voici.

(Agnès aperçoit avec joie une bourse que Sancho lui montre , mais elle cache sa satisfaction.)

SANCHO.

Le diable n'est pas dans cette bourse, car elle contient trente ducats bien 'rébuchants. Portez-la vîte à celui que vous aimez, il sera plus riche que le nigaud qui n'en a que vingt. La balance penchera pour lui ; votre mère vous mariera , et vous m'inviterez à la noce : il n'y en a pas sans festin , et je ne suis pas homme à donner ma part aux chiens.

(Agnès, enchantée, exprime sa reconnoissance. Elle tombe aux pieds de Sancho et veut lui baiser la main.)

SANCHO.

Pourquoi donc faire les choses au rebours ; embrassez-moi à la bonne franquette.

[Il relève Agnès et l'embrasse.]

SCENE XIV.

[Au moment où Sancho embrasse Agnès , Mad. Sancho paroît conduite
par Carlos , et suivie par ses enfans.]

[Mad. Sancho , en colère , s'élance sur son mari , le soufflette. Agnès
s'enfuit epouvantée.]

SCENE XV.

Madame SANCHO , CARLOS , SANCHO , et ses Enfans.

Madame sancho.

Ah ! ah ! c'est donc pour embrasser des petites mijaurées
comme celles-là , que tu abandonnes ta femme et tes enfans?
Misérable que tu es !

sancho (*très-troublé.*)

Madame Sancho, il ne faut pas juger sur l'apparence, et...

Madame sancho.

Tais-toi , maudit ivrogne , n'as-tu pas honte à ton âge de
courtiser les jeunes filles...

sancho.

Mais, Madame Pança , pensez-vous que j'en aie la pensée ?

Madame sancho.

Mort de ma vie ! voudrois-tu me persuader que tu n'em-
brassois pas cette péronnelle qui s'est enfui toute honteuse !

sancho.

Dieu me garde de le nier ; ce qui est vrai est vrai , et je
n'ai jamais dit non pour oui.

Madame sancho.

Comment ! chien de vaurien , tu conviens donc...

sancho.

Que la jalousie t'aveugle , et que d'une mouche tu fais un
éléphant.

Madame sancho.

Veux-tu me répondre ?

sancho.

Qui répond paye.

Madame SANCHO.

Eh! bien, tu vas me le payer.

(Madame Sancho arrache de la main d'un de ses enfans une baguette
qu'il s'amusoit à écorcer, et en frappe son mari qu'elle poursuit. Les
enfans cherchent à la retenir, mais elle leur échappe. Enfin Carlos
l'arrête au moment où elle va s'élancer sur Sancho, qui est tombé
à genoux.)

SANCHO (*tremblant.*)

Grâce! grâce!... En vérité, madame Sancho, vous y
allez comme une corneille qui abat des noix. A présent que
vous m'avez battu expliquon nous.

Madame SANCHO.

Morbleu! ce que j'ai vu n'a pas besoin d'explication, peut-
être ?

SANCHO.

Ce que femme veut, Dieu le veut; et c'est perdre son tems
que vouloir lui fai e entendre raison.

Madame SANCHO.

Ah! tu veux que je recommence!

SANCHO.

Eh! non, non chat échaudé craint l'eau froide... D'ailleurs,
ces manières-là ne sont pas faites pour la femme d'un gouverneur.

Ma 'ame SANCHO.

Eh! que veut dire ce vieux fou, avec sa femme d'un gouverneur.

CARLOS.

Quoi, Madame. vous ignoriez que Monseigneur Sancho
est gouverneur de l'île de Barataria.

Madame SANCHO.

Lui, gouverneur!...

SANCHO.

J'espère que ceci change la thèse.

Madame SANCHO.

Ah! tu es gouverneur, et tu laisse ta femme mourir de faim
avec tes enfants.

SANCHO.

Les jours se suivent et ne se ressemblent pas ; hier j'étois encore écuyer, aujourd'hui me voilà gouverneur, et Madame Sancho arrive comme mars en carême pour être gouvernante.

Madame SANCHO.

Quoi ! cela seroit possible ? Tout de bon, je serois gouvernante, à la bonne heure, mais mon bon ami, je ne veux pas que tu embrasses ni les filles ni les femmes de tes sujets, tu m'entend très-bien, mon petit Sancho ? (*Elle le caresse.*)

SANCAO.

Oui, oui, je n'embrasserai que Madame la gouvernante et mes enfants.

Madame SANCHO.

Cela étant, je te pardonne.

SANCHO.

Grand merci (*à Carlos.*) Ah çà, mon grand Sénéchal, songez que Madame la gouvernante et ses enfants doivent avoir un costume plus brillant ; si l'habit ne fait pas l'homme, du moins il le pare.

CARLOS.

Vos intentions seront remplies.

(Il donne des ordres pour qu'on prépare la toilette de Madame Sancho
et de ses enfants.)

SANCHO.

A propos, Madame Sancho, il y a dans mon île une excellente coutume, c'est de ne point parler ; il faut, dit le proverbe, heurler avec les loups. Eh bien, convenons que nous ne parlerons pas, ce sera le moyen d'être toujours d'accord ; car qui ne dit mot consent.

Madame SANCHO.

Eh bien, soit, touche-là, mon cher gouverneur, pour être gouvernante je consens à me taire, quoique cela soit aussi difficile pour une grande dame que pour une autre.

<table><tr><td>*Sancho,*</td><td>5</td></tr></table>

SANCHO.

C'est parler d'or; mais quand les paroles sont dites l'eau
l'eau bénite est faite, ainsi bernique, nous voilà muets tous
les deux... Un moment, avant qne le traité soit conclu (*à
Carlos.*) conduis nous dans la salle à manger.

(Madame Sancho veut parler encore , il lui met la main sur la
bouche.)

(Sancho prie Carlos de le conduire à la salle à manger.)

SCENE   XVI.

(Des femmes de chambre arrivent et invitent Madame Sancho à faire
sa toilette, dont elles portent quelques parties ; Madame Sancho est
enchantée à la vue de ces ornemens. Sancho qui demande à dîner,
s'impatiente de ce nouvean retard, il entraîne sa femme, qui oublie
le dîner pour sa toilette, et sort avec elle en courant.)

Fin du prologue.

SANCHO

DANS L'ISLE DE BARATARIA,

Pantomime bouffonne, en deux Actes.

ACTE PREMIER.

(Le Théâtre représente une belle Salle ; d'un côté est un siège élevé sous un Dais , de l'autre ude grande glace avec quelques fauteuils élégans et des tabourets.

SCÈNE PLEMIÈRE.

Madame Sancho entre précédée de laquais et suivie de ses femmes. Quoique très-occupée de la la richesse de ses vêtemens, elle remarque la beauté de l'appartement, et ses yeux se portent sur la glace ; alors elle admire sa mise, sa tournure, se donne des airs et étudie des attitudes.

Elle demande ses enfans.

SCENE II.

On amène avec de grands égards, les enfans de Madame Sancho ; l'élégance de leurs costumes fait ressortir leur gaucherie.

Madame Sancho est enchantée de les voir si bien vêtus, mais leurs manières lui déplaisent, elle leur apprend à marcher , à se présenter, à aluer et à lui baiser la main respectueusement.

SCENE III.

Ces leçons sont interrompues par l'arrivée de Sancho accompagné de Carlos, de ses pages, et précédé de ses Gardes.

Sancho, toujours affamé, n'a pas le temps d'admirer les riches vêtements de sa femme et de ses enfants que Madame Sancho lui fait remarquer ; c'est à manger qu'il demande : Carlos lui promet qu'il va se mettre à table ; en effet, une cloche sonne, c'est celle du diner, et rien n'égale la joie de Sancho.

Carlos l'invite à se placer sous le dais avec sa femme et ses enfants : Sancho ne voit pas de table et ne conçoit pas comment il pourra diner à cette place, cependant il cède aux instances de Carlos.

SCENE IV.

Des Danseurs se succèdent accompagnant divers mets, ils défilent devant Sancho qui essaye inutilement de s'emparer de quelque chose. Il parvient enfin à saisir des gâteaux, mais ses enfants les lui enlèvent et les dévorent malgré la colère de leur père.

Carlos l'invite à se calmer, et ordonne qu'on avance des sièges qu'on range comme s'il y avoit une table ; Carlos fait asseoir toute la famille.

Lorsque tout le monde est placé, les Officiers du Palais donnant la main à des Dames, défilent devant Sancho que les Dames saluent respectueusement, tandis que les hommes baisent la main de Madame. Sancho voudroit mettre fin à cette cérémonie, mais elle flatte la vanité de Madame Sancho ; elle calme l'impatience de son mari.

A la fin , Carlos donne le signal , on place devant la famille une table bien servie dont la vue réjouit Sancho.

SCÈNE V.

Il se dispose à satisfaire enfin son appétit , lorsque Carlos lui annonce son Médecin qu'on voit paroître aussitôt.

Sancho l'invite à dîner , mais celui-ci refusant un si grand honneur , force Sancho , malgré sa résistance, à quitter la table : il le prend à l'écart, lui tâte le pouls , l'examine attentivement , et le trouvant bien portant, lui permet de dîner.

Sancho retourné à table s'empare d'un plat qu'il avoit dévoré des yeux, tandisque le médecin s'assurait de sa santé, il en savoure déjà le fumet, le médecin touche le plat de sa baguette, il est enlevé de sa main. Ce manège répété à chaque plat qu'il convoite, le met d'autant plus en fureur que sa femme et ses enfans qui mangent tranquillement lui vante l'excellence des mets.

Sancho parvient à saisir la fatale baguette , il l'arrache au médecin et dans sa colère il s'en sert pour le chasser.

SCÈNE VI.

Après avoir poursuivi son médecin, il s'empare d'un pâté, le place sur une petite table à l'écart, afin de le dévorer à son aise. Soudain le pâté s'élève, s'allonge et se transforme ainsi que la table en géant.

Tout le monde fuit épouvanté. Sancho, sa femme et ses enfans se cachent sous la table.

Le géant s'approche et dit à Sancho.

Je suis le petit écuyer du Géant Rouge, l'enchanteur de l'Isle de Feu, et je viens de sa part te déclarer la guerre. (il sort en menaçant.)

L'épouvante de Sancho est à son comble, Madame Sancho n'est pas moins effrayée que son mari, et les enfants tremblent de peur.

SCÈNE VII.

Carlos vient augmenter leur effroi en leur annonçant l'approche des troupes du géant.

Déjà l'on entend le bruit du canon. Carlos se hâte de faire rassembler les soldats, et invite Sancho à se mettre à leur tête.

Sancho n'est pas disposé à se battre, mais Carlos le force à se laisser couvrir d'une armure.

Prêt à partir, il embrasse sa femme et ses enfants, et sort au milieu des soldats.

CHANGEMENT.

Le Théâtre représente un nouveau site dans le Parc, mais avec le Canal au fond.

SCÈNE VIII.

On entend de loin le cris des combattans.

SCÈNE IX.

Sancho arrive dans le plus grand désordre.

Le canon redouble : Le pauvre gouverneur ne

sait de quel côté tourner ses pas : enfin il se cache derrière un arbre.

SCÈNE X.

Un marmiton échappé des cuisines paroît avec un panier de provisions qu'il a dérobées. Il se met dans un coin pour manger à son aise. Sancho l'apperçoit, et voyant qu'il est seul, il fait bonne contenance, s'avance fierement, le menace de sa lance ,le force à prendre la fuite, et à lui abandonner les provisions. Sancho oublie sa peur, et se met tranquillement à satisfaire la faim qui le tourmente.

SCÈNE XI.

Carlos et les officiers de Sancho paroissent en ce moment, et troublent les plaisirs de leur maître. Il ne doit point s'occuper de manger ; Il faut se battre, et malgré les efforts et les prières de Sancho, ils le forcent à se mettre avec eux à la tête de ses soldats.

Des barques chargées de charbonniers paroissent sur le canal.

Sancho exhorte les siens à se bien battre ; et se tiendra sur les derrières pour arrêter les fuyards.

On voit paroître une troupe de charbonniers à cheval. Sancho se plaint de n'avoir point de cavalerie à opposer à celle du géant.

Carlos le rassure et fait avancer une troupe de meuniers à cheval.

Le combat s'engage : la mêlée devient terrible.
Peu à peu les combattans s'éloignent. Le pauvre
Sancho après avoir été renversé, culbuté, foulé
aux pieds, est laissé presque mourant sur le champ
de bataille.

SCENE XII.

Il se relève enfin avec peine. Mais que devenir? Où fuir? ... Il apperçoit les provisions qu'il
a été forcé d'abandonner pour combattre. il s'en
approche de nouveau.

Mais un nouveau parti de combattans reparoit.
Carlos et les siens arrachent encore Sancho à ses
douces jouissances. Il se débat, ne veut point
lâcher prise. Mais Carlos fait un signe, et le
géant rouge s'avance, saisit avec deux des siens
le pauvre Sancho, et tous s'engloutissent au milieu desflammes.

TABLEAU.

Fin du premier Acte.

ACTE SECOND.

(Le Théâtre représente l'intérieur d'une Charbonniere.)

SCENE PREMIERE.

Au lever du rideau, Sancho est suspendu en l'air ; au-dessus de sa tête, est l'ouverture de la Charbounière ; à peu de distance de lui, se trouve l'échelle et une corde qui pend jusqu'à terre, mais il ne peut atteindre ni l'une ni l'autre : il craint de tomber. Après beaucoup d'effort, il parvient à saisir la corde et à descendre, mais en même temps il fait réformer la cloche qui est au-dessus.

SCÈNE II.

Au bruit de cette cloche, les Charbonniers qui sont dans l'intérieur, poussent des cris épouvantables.

Sancho effrayé se cache dans un grand panier ; les Charbonniers arrivent, cherchent partout, et le trouvant dans le panier, ils le roulent, le balottent, en le menaçant et le tourmentant. Le pauvre Sancho tombe harrassé de fatigue : c'est envain qu'il les implore, ils sont inexorables.

SCENE III.

Tout-à-coup le Géant paroit, Sancho s'empresse de lui demander grâce.

Sancho.   4

Le Géant lui répond d'une voix terrible :

Tu n'as pas su défendre ton gouvernement , il faut y renoncer ou périr.

Sancho préfère la vie aux grandeurs et répond : *de tout mon cœur ; mais rendez-moi mon Ane.*

On amène le Baudet : Sancho enchanté de le revoir , le caresse et l'embrasse avec transport. Après avoir fait ses adieux au Géant , il se dispose à sortir.

Le Géant lui dit qu'il doit passer par l'ouverture supérieure.

Sancho se récrie sur l'impossibilité de prendre cette route , surtout avec son Ane.

Le Géant fait un signal , Sancho monté sur son Ane, disparoît dans les airs.

CHANGEMENS.

SCÈNE IV.

(Le Théâtre représente un Site sauvage.)

Madame Sancho , avec ses Enfans, paroît au milieu de Soldats commandés par Carlos qui lui intime l'ordre de quitter l'Ile.

Madame Sancho est étonnée que l'on ose traiter ainsi la femme d'un Gouverneur , et leur fait les plus sanglans reproches.

Pour toute réponse, Carlos fait dérouler à ses yeux une inscription sur laquelle on lit :

Sancho a renoncé à son Gouvernement.

Madame Sancho veut se jeter sur Carlos et mettre l'inscription en pièces : on la saisit, on la dépouille ainsi que ses enfants, de leurs costumes brillans, on lui jette un paquet qui renferme leurs habits villageois, et on les abandonne.

SCENE V.

Madame Sancho exprime sa douleur, mais enfin elle se soumet à son sort, prend ses enfants et s'éloigne de ces funestes lieux.

SCÈNE VI.

Sancho descend du haut des airs avec son Ane ; il est tout étourdi du voyage qu'il vient de faire : il attache son Ane à un arbre ; il auroit grand besoin de se restaurer, mais son bissac est vide, et ce lieu sauvage n'offre pas même un peu de pâture à son Ane.

SCÈNE VII.

Il jette ses regards de tous côtés ; il aperçoit quelques cabanes ; il veut y entrer, mais il en sort des Sauvages qui l'épouvantent ; plusieurs d'entre eux s'en emparent, le placent sur son Ane, et le forcent à être témoin de leurs danses, pendant lesquelles ils le tourmentent de mille manières.

DIVERTISSEMENT

Après la danse , les Sauvages renversent Sancho
et disparoissent.

SCÈNE VIII.

Sancho , revenu à lui", aperçoit deux hommes
qui passent dans le lointain. C'est le juif Isaac et
Finot. Ils ne tardent pas à reconnoître le Gouverneur qui a déjoué leurs projets. Ils veulent
profiter de l'occasion pour se venger.

Tandis que Finot menace Sancho de l'assommer,
Isaac monte sur l'âne, et se dispose à s'éloigner.

Sancho fait tous ses efforts pour défendre lui
et son âne ; mais il est seul contre deux.

Il jette des cris et implore du secours.

SCÈNE IX.

Les cris de Sancho font détourner de leur route
Agnès et Georges, ils s'empressent de secourir
leur bienfaiteur. Isaac est désarçonné et battu
par Agnés, sandis que Georges met Finot en
fuite.

SCÈNE X.

L'âne est rendu au bon Sancho. Il est ravi de
se retrouver en possession de son cher Baudet.

Mais les nouvelles fatigues qu'il vient d'essuyer ont augmenté son appétit habituel, et il tombe de besoin.

Malheureusement ses défenseurs n'ont rien pour appaiser sa faim. Georges seul porte une gourde pleine de vin dont il lui fait présent, et ils le laisse en regrettant de ne pouvoir pas mieux lui témoigner sa reconnoissance.

SCÈNE XI.

Sancho qui a caressé la gourde se sent de nouvelles forces, et se dispse à suivre la route que ses défenseurs ont prise. Il monte sur son âne : mais le pauvre animal n'a plus la force de le porter, et tombe sous lui.

SCÈNE XII.

Tandis que Sancho fait de vains efforts pour relever son âne, Madame Sancho arrive avec ses enfans. Elle aperçoit son mari, et lui reproche de l'avoir replongée dans la misère.

Sancho daigne à peine l'écouter, son âne l'occupe tout entier.

Madame Sancho outrée de l'indifférence de son époux, et suffoquée par la colère, tombe évanouie.

Sancho s'aperçoit de l'état de sa femme ; il approche la gourde à la main, puis, après un moment de réflexion, il revient à son âne, lui fait avaler le reste de sa gourde, et voyant son cher animal reprendre ses forces, il retourne à sa femme qu'il fait revenir à elle en lui secouant fortement le bras.

Madame Sancho continue à se lamenter, et à maudire son époux. Les enfants témoignent la plus grande douleur. Sancho leur montre le ciel. Tous se jettent à genoux.

EPILOGUE.

SCÈNE XIII.

SANCHO, *à genoux.*

Ah! mon bon génie, as-tu donc abandonné pour toujours le pauvre Sancho?

Le Duc paroît masqué et couvert d'un domino.

LE DUC.

Me voici.... (*tous sont à ses pieds.*) Relevez-vous..... Sancho, ce n'est pas en vain que tu m'auras invoqué dans le malheur... Tu peux sortir de ces horribles lieux... Retourne dans ta cabanne, mes bienfaits t'y suivront, et puisses-tu, par ton exemple, apprendre à tes enfans que l'ambition est la source de l'infortune, et que le travail est père du bonheur.

SANCHO.

Oh! je m'en souviendrai!

LE DUC.

Sancho, connois enfin ton génie tutélaire..

CHANGEMENT.

Le Duc jette son masque et son domino, et

l'on voit, dans un site pittoresque, la Duchesse entourée de toute sa Cour.

SANCHO!

Ah ! Monseigneur ! ah ! Madame la Duchesse !

Sancho et toute sa famille se précipitent aux genoux du Duc.

LE DUC, *les relevant.*

Je n'oublierai pas mes promesses Quant à toi, n'oublie jamais la petite leçon que je t'ai donnée.

SANCHO.

Oui, Monseigneur, je me souviendrai que chacun son métier, les vaches sont bien gardées; to t en travaillant je bénirai le nom de notre bienfaiteur, car il faut rendre à César ce qui appartient à César. En rentrant chez nous, je trouverai ma ménagère et mes enfants heureux : nous nous mettrons gaîment à table : après la panse vient la danse; et puis le soir la fin couronnera l'œuvre, et l'Amour nous dira : *Baissez le rideau, la farce est jouée.*

TABLEAU FINAL.

www.ingramcontent.com/pod-product-compliance
Lightning Source LLC
LaVergne TN
LVHW012149170726
843503LV00009B/4060